Vincent Mirabel

Les 200 répliques les plus vaches du cinéma

W0199965

© Éditions First-Gründ, Paris, 2012

Le Code de la propriété intellectuelle interdit les copies ou reproductions destinées à une utilisation collective. Toute représentation ou reproduction intégrale ou partielle faite par quelque procédé que ce soit, sans le consentement de l'auteur ou de ses ayants cause est illicite et constitue une contrefaçon sanctionnée par les articles L335-2 et suivants du Code de la propriété intellectuelle.

ISBN : 978-2-7540-3818-8
Dépôt légal : février 2012

Directrice éditoriale : Marie-Anne Jost-Kotik
Éditrice junior : Charlène Guinoiseau
Correction : Anne-Lise Martin
Mise en page : Sophie Boscardin
Couverture : Olivier Frenot

Imprimé en Italie

Éditions First-Gründ
60, rue Mazarine
75006 Paris – France
Tél. : 01 45 49 60 00
Fax : 01 45 49 60 01
E-mail : firstinfo@efirst.com
Internet : www.editionsfirst.fr

Remerciements

À Charlène, au charmant nom de Guinoiseau,
qui a su voltiger à ma rencontre.

À mon ami Nicolas C., dévoué *personal organizer.*

V. M.

Dédicaces

À la petite Eléa K., future grande lectrice.

À tous les scénaristes qui savent transformer
de méchantes paroles en bons mots.

À ma mère, ma sœur Catherine,
et tous ceux qui ont veillé sur la santé de mon père.

À ma tante Monique qui lutte contre une vraie vacherie.

Sommaire

Introduction

Bienvenue au festival de coups de canne ! Brice de Nice, « le roi de la casse », peut s'agripper à sa planche... Bien d'autres insolents personnages ont osé rabaisser impitoyablement leur entourage, en lui assénant impitoyablement ses « quatre vérités ». Entre coups de griffe sournois et coups de semonce destructeurs, ce recueil déroule toute une gamme décapante de répliques « vach'ment » corrosives.

Mufleries de Groucho Marx, rafales verbales du flingueur Audiard, piques critiques de Woody Allen, rouspétances de Jean-Pierre Bacri, « scuds » ravageurs des troupes de Judd Apatow ou des Monty Python, etc. : les gros râleurs du cinéma sont tous au rendez-vous, prêts à asséner leurs paroles peu évangéliques. Leurs 200 répliques cassantes – choisies parmi des milliers de films – cassent effectivement « la baraque ». Rien d'étonnant à cela : n'est-ce pas un plaisir rare d'entendre des « grandes gueules » exprimer tout haut ce que beaucoup se contentent précautionneusement de ruminer tout bas ? Quatre mille ans de civilisation ont beau avoir inculqué aux hommes l'art de se contenir en société, il arrive un jour où, à force de voir rouge, les taureaux foncent, les veaux se rebellent, les bœufs pointent leurs cornes et balancent des vacheries, « à qui meuh-meuh ». Qui songerait alors à crier : « La ferme ! » ?!!!

Vincent Mirabel

Mode de présentation

Vous trouverez dans ce mini-livre :

- 200 citations classées dans l'ordre chronologique des films ;
- la triple référence suivante pour chaque citation : titre du film correspondant, année de sortie en France, nom du réalisateur (et parfois même, le nom du célèbre scénariste ou dialoguiste) ;
- l'index alphabétique des films pour retrouver facilement la citation correspondante.

Afin de rendre hommage à un maximum de films différents, l'auteur s'est limité à une seule citation par film (y compris pour les films cultes, comme *Les Tontons flingueurs* ou *Les Bronzés font du ski*). Par ailleurs, celui-ci a veillé à ne reprendre qu'une dizaine de grandes répliques, parmi celles déjà citées dans ses précédents ouvrages à succès, *Les 200 répliques cultes du cinéma* (éditions First, 2009)) et *Les 200 répliques les plus drôles du cinéma* (éditions First, 2011).

– Inutile d'attendre votre tour. Attendez plutôt de lire *La Tribune* et inspirez-vous de mon article pour votre édition.

– Impossible. Il me faudrait quatre heures pour le traduire en anglais correct.

La Blonde platine, Frank Capra, 1931.

Le journaliste Stewart Smith (Robert Williams), mouchant un concurrent américain, imbu de sa personne.

– Le jour où on fera danser les couillons, tu seras pas à l'orchestre !

Marius, Alexander Korda, 1931. Scénario et dialogues de Marcel Pagnol.

– Tant qu'il y aura des trottoirs, tu auras du travail !

Footlight Parade (Prologue), Llyod Bacon, 1933.

L'imprésario Chester Kent (James Cagney) renvoyant l'une de ses « girls » à sa « case départ ». Après les prologues sur scène, les brefs préliminaires dans l'escalier...

– Avec vous, monsieur, si j'avais le choix des armes, je prendrais… la grammaire.

Grande dame d'un jour (Lady for a Day), Frank Capra, 1933.

Vacherie raffinée distillée par le distingué majordome John (Halliwell Hobbes) à l'encontre d'« Happy Gros-bras », brute inculte.

– Ce sera tout, Madame ?

– J'espère !

Les Invités de huit heures, George Cukor, 1933.

La maîtresse de maison (Billie Burke) libérant son majordome, après avoir appris que son dîner venait de brûler en cuisine, juste avant sa grande réception.

– À chaque fois que je chante cette chanson, celle-ci continue à me hanter longtemps.

– Normal, à chaque fois tu l'assassines !

Lady Lou, Lowell Sherman, 1933.

La séductrice Lady Lou (Mae West) n'est pas du genre à garder sa langue dans sa poche, même devant ses riches amants.

– Je suis la colonne vertébrale de ma famille…
– En ce cas, votre famille ferait bien d'aller voir un chiropracteur.

Je veux être une lady, Alexander Hall, 1935.

Remarque acerbe, digne de l'actrice Mae West, qui incarne ici la séductrice Cleo Borden.

– Vous êtes journaliste, je le sens. […] Permettez-moi d'ouvrir la fenêtre !

La Joyeuse Suicidée, William A. Wellman, 1937.

Remarque agressive d'Hazel Flagg (Carole Lombard) face au journaliste Wallace Cook (Fredric March) qui l'avait fait passer faussement pour victime d'un empoisonnement au radium !

– Mon oncle avait l'habitude de me dire : « Tu n'es pas bon à rien. Tu es mauvais à tout ! »

Le Schpountz, Marcel Pagnol, 1938.

Irénée (Fernandel) citant son oncle Baptiste (Fernand Charpin). Ce « schpountz » (naïf) parviendra à s'imposer comme acteur renommé.

– Crois-tu en la réincarnation, tu sais, ces morts qui reviennent à la vie ?

– Tu veux dire comme les Républicains ?

Le Mystère de la maison Norman, Elliot Nugent, 1939.

Pointe d'humour d'un démocrate avec un des cinq autres héritiers potentiels de la fortune d'un milliardaire, réunis pour la lecture du testament.

– Les derniers procès ont été une réussite. Il y aura moins de Russes, mais ils seront meilleurs… !

Ninotchka, Ernst Lubitsch, 1939. Co-scénarisé par Charles Brackett, Billy Wilder et Walter Reisch.

Bref compte-rendu de Ninotchka Yakouchova (Greta Garbo) à ses trois camarades soviétiques. Au contact des plaisirs parisiens, cette émissaire psychorigide ne tardera pas à s'assouplir.

– Je t'aime. Mais ne m'en tiens pas rigueur, j'aime aussi les mouches et les incendies.

The Saint Strikes Back, John Farrow, 1939.

Cynisme désabusé du détective Simon Templar (George Sanders), alias Le Saint. Ce film succède à *The Saint in New York* (Ben Holmes, 1938).

– Vous devriez changer de nom, de femme et de profession.

Le Dernier des six, Georges Lacombe, 1941.

Triple conseil de l'antipathique Gernicot (Lucien Nat) au commissaire Wenceslas Woïdeborédchikz (Pierre Fresnay). Fiancé à Mila Milou (Suzy Delair), le commissaire n'appréciera guère.

– Ce que cet acteur a fait subir à Shakespeare, les nazis sont en train de le faire à la Pologne !

Jeux dangereux (To Be or Not to Be), Ernst Lubitsch, 1942.

Comparaison peu charitable du comédien Joseph Tura (Jack Benny) au sujet de son rival Greenberg (Felix Bressart). Être ou ne pas être jaloux, telle est la question...

– Non seulement la galanterie est morte, mais elle est en pleine décomposition.

Madame et ses flirts (The Palm Beach Story), Preston Sturges, 1942.

Constat du milliardaire John D. Hackensacker III (Rudy Vallee) en voyant son pauvre rival Tom Jeffers (Joël Mac Crea) traîner de force sa femme, « Gerry » Jeffers (Claudette Colbert).

– Vous n'avez pas peur ?

– A-t-on déjà remis mon courage en question ?

– Non. On ne l'a même jamais mentionné.

Sing Your Worries Away, A. Edward Sutherland, 1942.

Pique visant le trouillard Clarence « Chow » Brewster (Bert Lahr). Cet acteur avait déjà incarné le lion peureux dans *Le Magicien d'Oz* (1939).

– Trois actes ? Moi, j'appelle ça trois mauvaises actions !

– S'il vous plaît, ne jouons pas sur les mots !

– Sur quoi voulez-vous que je joue ? Sur vos idées peut-être ?!!... Vous n'en avez pas.

– Oh, rien ne nous étonne de la part de quelqu'un qui a débuté aux Funambules en marchant sur les mains.

– Sur les mains, et pourquoi pas ? Vous avez bien écrit une pièce avec vos pieds !

Les Enfants du paradis, Marcel Carné, 1945. Dialogues de Jacques Prévert.

Festival de vacheries déclamées par l'acteur grande gueule Frédérick Lemaître (Pierre Brasseur) devant les trois auteurs d'une pièce vraiment dramatique.

– Personnellement, vous m'avez convaincue d'une chose : les alligators ont raison de manger leurs petits !

Le Roman de Mildred Pierce, Michael Curtiz, 1945.

Ida (Eve Arden) en constatant tristement que la fille de son amie Mildred Pierce (Joan Crawford) est devenue une garce égoïste et sans scrupule.

– Mon cher ami, prenez mes mains ! Voyez comme je suis moite d'admiration ! J'ai failli m'évanouir ! C'était d'une insoutenable beauté !

– Merci, vous êtes trop aimable. Et puis vous dites les choses tellement simplement…

Les Amoureux sont seuls au monde, Henri Decoin, 1947.
Scénario et dialogues d'Henri Jeanson.

Discrète pique envoyée à une admiratrice snob par le célèbre compositeur-pianiste Gérard Favier (Louis Jouvet).

– Il est facile de comprendre pourquoi les plus beaux poèmes sur l'Angleterre au printemps ont été écrits par des poètes résidant en Italie.

L'Aventure de Madame Muir, Joseph Mankiewicz, 1947.

Remarque pleine d'ironie du suave Miles Fairley (George Sanders) désireux de séduire la jolie veuve Lucy Muir (Gene Tierney).

– Que puis-je faire pour vous, mon brave ? [...] Après tout, que feriez-vous si le péché n'existait pas ?

Monsieur Verdoux, Charlie Chaplin, 1947.

Question « couperet » du condamné à mort Henri Verdoux (Charlie Chaplin) à l'aumônier venu le soutenir, avant d'être mené vers la guillotine.

– Ton père et moi, tu nous feras mourir de chagrin.

– Tant mieux, comme ça, on r'trouvera pas l'arme du crime !

Mélodie en sous-sol, Henri Verneuil, 1953.

Répartie de Francis Verlot (Alain Delon) à sa mère (Germaine Montero). Celui-ci va replonger dans la criminalité aux côtés du vétéran Charles (Jean Gabin).

– Le fait que vous ne buviez pas est le meilleur argument en faveur de l'ivrognerie que je connaisse.

La Comtesse aux pieds nus, Joseph Mankiewicz, 1954.

Formule assassine de la star hollywoodienne Maria d'Amata, alias Maria Vargas (Ava Gardner), perçant l'imbuvable producteur Kirk Edwards (Warren Stevens).

– Dis-moi un mensonge.

– Je t'ai attendu, Johnny.

Johnny Guitare, Nicholas Ray, 1954.

Terrible aveu de la tenancière de saloon Vienna (Joan Crawford), regardant droit dans les yeux son bel amant blond, Johnny Guitare (Sterling Hayden).

– Saint-Léonard, ayez pitié de lui.

– Saint-Léonard ? Qui c'est celui-là ?

– Tu ne sais pas que Saint-Léonard, c'est le patron des prisonniers ?...

– S'il y avait un patron des prisonniers, y aurait pas d'prisonniers.

La Vache et le Prisonnier, Henri Verneuil, 1959.

Remarque du prisonnier de guerre Charles Bailly (Fernandel), bien résolu à s'évader de la ferme où il est employé. Celui-ci parviendra à traverser l'Allemagne avec sa brave vache Marguerite, avant d'y retourner en train... par erreur !

– Monsieur Esnault, si la connerie n'est pas remboursée par les assurances sociales, vous finirez sur la paille !

Un singe en hiver, Henri Verneuil, 1962. Dialogues de Michel Audiard.

Efficace formule du publicitaire Gabriel Fouquet (Jean-Paul Belmondo) visant Monsieur Esnault (Paul Frankeur), le patron du café de Tigreville, sur la côte normande.

– Je ne vous ai jamais vue sur scène. C'est affreux, n'est-ce pas ?

– Mais pas du tout. Moi, je ne vous ai jamais vue à l'écran.

Le Visage du plaisir, José Quintero, 1962.

Redoutable contre-attaque de la vieillissante actrice Karen Stone (Vivien Leigh) envers sa jeune consœur Barbera Bingham (Jill St John). Adapté de l'unique roman de Tennessee Williams, le film décrit la difficile fin de carrière d'une vedette oubliée.

– Je te dis pas que c'est pas injuste… Je te dis que ça soulage !

Les Tontons flingueurs, Georges Lautner, 1963. Dialogues de Michel Audiard.

Confidence du tueur Théo (Horst Frank) après avoir « arrosé » à la mitraillette les frères Volfoni (Bernard Blier et Jean Lefèbvre). Au lieu de philosopher faussement, il aurait mieux fait de viser juste !

– Il a tout d'un chien, sauf le côté fidèle.

Que le meilleur l'emporte, Franklin Schaffner, 1964.

Morsure d'un politicien à l'encontre de son concurrent, lors des primaires pour la présidence des États-Unis.

– Je l'avais pourtant bien soignée…

– Elle sera morte des suites de sa guérison.

Le Repas des fauves, Christian-Jaque, 1964. Dialogues d'Henri Jeanson et Claude Marcy.

Tout l'esprit ironique de Molière à l'encontre du « Docteur » (Adolfo Marsillach). Ce drame, sur une soirée d'anniversaire qui tourne mal, a fait l'objet d'une adaptation théâtrale à succès en 2010-2012.

– Le peuple croit en toi : tu ne peux pas le décevoir…

– Il croit aussi en Dieu et Dieu, non plus, ne lui donne guère de satisfactions.

La Tulipe noire, Christian-Jaque, 1964.

Confiance fragile de Julien de Saint-Preux (Alain Delon) envoyé à la place de son frère jumeau Guillaume, défiguré par une balafre qui le trahirait. « La Tulipe noire » va pouvoir continuer à faire justice.

– Pour toi, la fidélité consiste à ne pas avoir plus d'un homme à la fois dans ton lit.

Darling, John Schlesinger, 1965.

Robert Gold (Dirk Bogarde) à la comédienne Diana Scott (Julie Christie). Sa célébrité internationale masque le désastre de sa vie sentimentale, abondamment dissolue.

– Monsieur le commissaire, dans notre métier, mieux vaut passer pour un fou que pour un imbécile…

– Alors là, vous ne risquez pas la camisole !

Fantômas se déchaîne, André Hunnebelle, 1965.

Vacherie du commissaire Juve (Louis de Funès) qui vient, une fois de plus, de laisser échapper sa proie.

– C'est rien, Kid, tu verras… ma femme aussi m'a quitté.

– Je m'demande bien pourquoi !…

Le Kid de Cincinnati, Norman Jewison, 1965.

Commentaire ironique de la pulpeuse Melba (Ann-Margret) à un gros plouc libidineux, qui tentait de consoler l'égoïste flambeur Eric Stoner, dit le Kid (Steve McQueen).

– J'espère que tu seras encore vivant au moment du diplôme de ton fils…

– J'ai peur de rien !

– Hum, le courage n'évite pas le danger.

Le Deuxième Souffle, Jean-Pierre Melville, 1966. Co-dialogué par José Giovanni.

Suave menace proférée par le commissaire Blot (Paul Meurisse) envers l'indic Jo Ricci (Marcel Bozzuffi). Son avertissement va affoler la « fourmilière ».

– C'était pas mauvais… c'était très mauvais ! Voilà. Exactement.

La Grande Vadrouille, Gérard Oury, 1966.

L'irascible chef d'orchestre lunatique Stanislas Lefort (Louis de Funès) enfonçant tous ses musiciens, après les avoir encensés sur un ton mielleux.

– Il pleut beaucoup ici ?

– Surtout en été. En hiver, ça se remarque moins…

L'Homme à la Buick, Gilles Grangier, 1966.

Réponse peu valorisante de la patronne d'un bar de Honfleur (Laurence Badie) au contrebandier international Armand Favrot (Fernandel). L'office de tourisme de Basse-Normandie n'a pas dû apprécier…

– Sache que, dans mon esprit, je t'ai enterré dans le ciment jusqu'au cou. Jusqu'au nez plutôt, ça s'ra plus calme !

Qui a peur de Virginia Woolf ? Mike Nichols, 1966.
Adaptation scénaristique d'Ernest Lehman.

Nouvelle « amabilité » de la destructrice Martha (Elizabeth Taylor) envers son mari George (Richard Burton, également son époux dans la vraie vie). Avec ce rôle éprouvant, l'actrice obtiendra un second Oscar mérité.

– Je suis ancien combattant, militant socialiste et bistro. C'est dire si dans ma vie, j'en ai entendu des conneries.

Un Idiot à Paris, Serge Korber, 1967. Dialogues de Michel Audiard.

Triple argument imparable de Léon Dessertine (Bernard Blier). Cet ancien de l'assistance publique, devenu grossiste en viande prendra sous son aile l'orphelin Goubi (Jean Lefebvre), « idiot de village » égaré dans la Capitale.

– En d'autres termes, je suis renvoyé ?
– Pas en d'autres termes : ceux-ci sont parfaits.

Drôle de couple, Gene Saks, 1968.

Oscar Madison (Walter Matthau) virant de son appartement son envahissant ami Felix Ungar (Jack Lemmon). On retrouvera ce tandem d'acteurs, trente ans plus tard, dans *Drôle de couple 2*.

– J'ai des envies de voyage. L'Océanie… Bora Bora… les vahinés… tu connais ?

– Pourquoi, tu veux m'y emmener ?

– On n'emmène pas des saucisses quand on va à Francfort !…

Le Pacha, Georges Lautner, 1968.

L'homme de main « Quinquin » (André Pousse) à la serveuse de bar Nathalie (Danny Carrel), sœur d'un receleur et maîtresse d'un inspecteur. Vexée, celle-ci maugréera : « Tu pourrais dire : une rose quand on va sur la Loire.»

– Les acteurs ne sont pas des animaux ! Ce sont des êtres humains !

– Des êtres humains ?!! As-tu déjà mangé en face de l'un d'eux ?

Les Producteurs, Mel Brooks, 1968.

Toute la mauvaise foi du producteur-escroc Max Bialystock (Zero Mostel). Cette comédie, oscarisée pour son scénario, fera l'objet d'un pâle remake en 2005.

– Nous allons avoir un enfant.

– Allons donc…

– Si, c'est vrai : on va avoir un enfant ! J'ai vu l'gynécologue et il me l'a confirmé. C'est un beau cadeau de Noël que je te fais…

– Moi, je voulais une cravate, c'est tout !

Prends l'oseille et tire-toi ! Woody Allen, 1969.

Dialogue déphasé entre Louise (Janet Margolin) et Virgil Starckwel (Woody Allen), looser en cavale. Virgil donnera à leur fils le prénom de sa propre mère !

– Quoi de pire qu'un pédé imitant Judy Garland ?

– Un pédé imitant Bette Davis !

Les Garçons de la bande (The Boys in the Band), William Friedkin, 1970.

Devinette lancée par deux copains homos. Avec d'autres amis, ceux-ci créeront le spectacle « Les Ragnagnas sensationnels », où ils joueront aux « Claudettes du troisième âge » !

– Quelle est la principale exportation de San Marcos ?

– La dysenterie ?

Bananas, Woody Allen, 1971.

Réponse hésitante de l'Américain Fielding Mellish (Woody Allen) à propos de l'État fictif de San Marcos. Cela ne l'empêchera pas de devenir le président de cette « république bananière » !

– Les avis, c'est comme les trous du cul : tout le monde en a un !

L'Inspecteur Harry, Don Siegel, 1971.

Échantillon représentatif du franc-parler de l'inspecteur « Dirty » Harry (Clint Eastwood). Son langage direct est à l'unisson de ses méthodes expéditives.

– On ne vous a jamais dit que vous étiez très sexy ?

– À vrai dire, non.

– C'est normal : jamais on n'vous l'dira !

On s'fait la valise, docteur ? Peter Bogdanovitch, 1972.

La blessante Judy Maxwell (Barbra Streisand) déstabilisant volontairement le musicologue Hugh Simon (Kenneth Mars). Cette foldingue entend favoriser le jeune et beau Howard Bannister (Ryan O'Neal), sur qui elle vient de mettre le grappin.

– Votre père n'a fait confiance ni au courrier, ni au téléphone…

– À vous non plus, apparemment.

L'Héritier, Philippe Labro, 1973.

Observation coupante du chargé de pouvoir David Loweinstein (Charles Denner) à un rival surnommé « Le Nonce » (Jean Rochefort) qui louvoie autour de Bart Cordell (Jean-Paul Belmondo), héritier d'un empire industriel.

– Dans ce pays de soleil, pas question d'aller au snack pour avaler vite fait un sandwich et un Coca-Cola ! Nous, on prend le temps de vivre. Nous, on cuisine notre pasta, on la saupoudre de parmesan. Nous savourons chaque verre de vin. Et nous faisons l'amour…

– Mais, qu'est-ce que vous faites le soir ?

– Nous revenons nous reposer auprès de nos femmes…

Avanti ! Billy Wilder, 1972.

Leçon de « dolce vita » donnée au PDG américain Wendell Armbruster Jr. (Jack Lemmon) par le directeur italien du reposant hôtel Excelsior, sur l'île d'Ischia (près de Naples).

– Des artistes comme toi, j'fous un coup d'pompe dans l'piano, il en dégringole une douzaine !

– Confidence pour confidence : des connards comme vous, j'fous un coup d'pompe dans la télé, il en dégringole cinquante !

Comment réussir… quand on est con et pleurnichard, Michel Audiard, 1974.

Échange sur le mode « fortissimo » entre le pianiste Foisnard (Jean Rochefort) et le patron de cabaret Carducci (Daniel Prévost).

– Pas un geste ! S'il y en a un qui bouge, le « nègre » se fait descendre !

Le Shérif est en prison, Mel Brooks, 1974.

Avertissement du noir américain Bart (Cleavon Little) s'autobraquant un revolver sur sa tempe !!! Cet homme courageux méritera de devenir shérif !

– Qui est là ?

– C'est moi, Peggy !

– Peggy qui ?...

– ?!!!

– Ah oui, ça m'revient... excuse-moi !

Spécial Première, Billy Wilder, 1974.

Effarant trou de mémoire d'Hildy Johnson (Jack Lemmon), à quelques heures de se marier avec sa fiancée Peggy (Susan Sarandon) ! C'est dire si l'esprit de ce journaliste est accaparé par le scoop d'une exécution capitale.

– Si on était à Broadway, j'voudrais pas d'toi pour cirer mes godasses…

– Si t'étais à Broadway, mon pote, t'aurais pas d'godasses : tu marcherais pieds nus !

Chobizenesse, Jean Yanne, 1975.

Échange d'« amabilités » entre le directeur de revues de music-hall Clément Mastard (Jean Yanne) et le compositeur Taffarel (Hubert Deschamps).

– Peachy, ça me gêne que tu te fasses tuer, au lieu de rentrer chez toi couvert d'or, comme de juste. Tout ça parce que je suis riche et tout-puissant. Tu n'm'en veux pas trop, dis ?

L'Homme qui voulut être roi, John Huston, 1975.

Question plutôt sadique de l'usurpateur de trône, Daniel Dravot (Sean Connery), à son fidèle ami Peachy Carnehan (Michael Caine). Mais le peuple se retournera bientôt contre son faux roi...

– Comment un imbécile pourrait-il être un policier ?

– Il suffit qu'il postule en temps voulu.

Le Retour de la Panthère rose, Blake Edwards, 1975.

Réponse peu flatteuse de l'inspecteur Clouseau (Peter Sellers) à son supérieur. « En face de Clouseau, constatera ce responsable de la Sûreté, Attila le Hun fait figure de volontaire de la Croix-Rouge ! »

– Envoie-lui deux douzaines de roses.

– […] Je vais lui en coller plein les bras.

– Dis donc, moi aussi, j'aimerais bien avoir des roses plein les bras…

– Eh bien, tu les lui porteras !

Le Corps de mon ennemi, Henri Verneuil, 1976. Dialogues de Michel Audiard et Félicien Marceau.

Cadeau vexant du justicier François Leclerc (Jean-Paul Belmondo) à sa maîtresse provisoire Gilberte Beaumont-Liégard (Marie-France Pisier), fille de son principal ennemi.

– Le jour où tu ne seras plus là, ce que j'irai déposer sur ta tombe ne pourra en aucun cas passer pour une fleur… !

Le Dernier des géants, Don Siegel, 1976.

Parole lâchée sur John Bernard Books (John Wayne). Avant de succomber d'une maladie incurable, ce dernier affrontera son ennemi juré l'arme à la main. Peu après, l'acteur décèdera du cancer qui le rongeait.

– Peux-tu jeter un coup d'œil sur mon dos : j'ai fait une chute de cheval.

– Et comment va le cheval ?!!

Un autre homme, une autre chance, Claude Lelouch, 1977.

Humour vache du vétérinaire David Williams (James Caan) taquinant sa copine institutrice, brave rouquine enrobée.

– J'ai une licence de sociologie et je ne sais pas quoi faire avec…

– Ouvrez donc un magasin de sociologie !

The One and Only, Carl Reiner, 1978.

Extrait ironique de cette comédie romantique, qui reverra le jour en 2002, dans une variante encore plus féminine, signée Simon Cellan Jones.

– Non mais, vous pouvez m'déshabiller pendant qu'vous y êtes !

– Chaque chose en son temps.

Plein les poches pour pas un rond, Daniel Daërt, 1978.

Suave repartie du procrastinateur Steff (Michel Constantin) à la blonde Lolotte (Dany Saval) qui ne perd rien pour attendre !

– Et pourquoi il veut pas rentrer chez nous ? Je serais curieux de le savoir…

– ***« Parce que vous êtes trop cons ! », je cite. A priori, il n'y a aucune raison de ne pas le croire : c'est un enfant surdoué, et s'il le dit, c'est qu'c'est vrai !***

Préparez vos mouchoirs, Bertrand Blier, 1978.

Solange (Carole Laure) à son mari Raoul (Gérard Depardieu) et son amant Stéphane (Patrick Dewaere), incapables de lui donner du plaisir. L'enfant se montrera tout aussi surdoué sur le plan sexuel !

– Alors, nous sommes tous d'accord pour dire que Jean-Claude est nul… ?

– (Tous ensemble) *Ah oui, alors !*

– Eh bien, figurez-vous que c'est le moins mauvais d'entre vous !

Les Bronzés font du ski, Patrice Leconte, 1979.

Comparaison « pédagogique » du moniteur de ski Popeye (Thierry Lhermitte) devant tous ses élèves adultes. Pour une fois, Jean-Claude Dus (Michel Blanc) n'apparaît pas comme le dernier des minables.

– Pilate veut te voir.

– Pourquoi il veut me voir ?

– Je crois qu'il veut savoir dans quel sens tu préfères être crucifié !...

Monty Python, La Vie de Brian, Terry Jones, 1979.

Plaisanterie macabre d'un garde romain ! Placé finalement à l'endroit sur sa croix, Brian (Graham Chapman) entonnera la chanson « Toujours regarder le bon côté des choses » !

– J'ai une sale gueule aujourd'hui...

– Oh, y'a pas qu'aujourd'hui !

Des gens comme les autres, Robert Redford, 1980.

Précision à la fois désobligeante et complice d'un lycéen envers son copain. Quelques jours plus tard, ce dernier répliquera au premier qui émettait le « besoin d'une aut'paire de pompes » : « T'as surtout besoin d'une aut' gueule ! »

– Si ta queue est aussi p'tite que ta cervelle, tu dois avoir des problèmes !

The Rose, Mark Rydell, 1980.

Provocation de la rock-star « The Rose », alias Mary Rose Foster (Bette Midler) envers un pilier de bar anti-hippies. Son petit ami devra montrer ses poings pour protéger « sa fleur ».

– Nous ne nous connaissons pas et je les déteste déjà !

Les Sous-doués, Claude Zidi, 1980.

La revêche Lucie Jumaucourt (Maria Pacôme), proviseur d'une « boîte à bac » à la discipline de fer. Le cancre « Bébel » (Daniel Auteuil) et sa bande vont lui mener la vie dure.

– Vous vouliez que je fasse connaissance avec vous très vite… Ce soir, ça n'vous dit rien ?

– J'aurais souhaité prendre l'initiative…

– J'aurais souhaité aussi.

Absence de malice, Sydney Pollack, 1981.

La journaliste Megan Carter (Sally Field) « allumant » le séduisant « homme des cavernes » Mike Gallagher (Paul Newman). Ces deux célibataires trentenaires finiront par s'entendre.

– Ma mère est morte quand j'avais six ans. Mon père m'a violée quand j'en avais douze…

– Hum, vous avez quand même eu six années relativement bonnes…

Arthur, Steve Gordon, 1981.

Réaction peu empathique du play-boy Arthur Bach (Dudley Moore) face à la pauvre Linda Marolla (Liza Minnelli). Arthur finira par rompre son mariage d'intérêt pour l'amour de Linda.

– C'est pas son jour…

– C'est jamais son jour !

La Chèvre, Francis Veber, 1981.

Constat alarmant du détective privé Campana (Gérard Depardieu), à propos de François Pignon (Pierre Richard), malchanceux chronique.

– J'en ai plus qu'assez que tu t'mettes dans ma peau.

– Hmfff, si j'avais ta peau, j'en prendrais plus soin.

Riches et célèbres, George Cukor, 1981.

Échantillon des rapports tendus entre Merry Noel Blake (Candice Bergen) et son amie Liz Hamilton (Jacqueline Bisset). Leur amitié va subir un sérieux lifting.

– Vous savez, je suis médecin et je crois en l'autre monde.

– Bien obligé. C'est là où t'expédies tous tes malades, ah, ah, ah !

Comédie érotique d'une nuit d'été, Woody Allen, 1982.

Humour grinçant d'Andrew (Woody Allen) devant son ami médecin. Plus soucieux de sa réputation professionnelle que de sa fidélité conjugale, le docteur Maxwell (Tony Roberts) grincera effectivement.

– On m'a dit que tu étais naïf et rusé, mais je crois que tu es naïf et con.

Le Grand Pardon, Alexandre Arcady, 1982.

Commentaire digne de Raymond Bettoun (Roger Hanin), l'intraitable patriarche du clan Bettoun.

– Je ne sais absolument pas c'que les gens pensent de moi. Je ne sais pas pourquoi ils m'aiment, ni s'ils m'aiment, d'ailleurs.

– T'as pas c'problème ici. Au moins, tu sais que j't'aime pas.

Les Copains d'abord, Lawrence Kasdan, 1983.

Humour noir d'Harold Cooper (Kevin Kline) envers son copain de lycée Sam Weber (Tom Berenger). Ses autres copains ajouteront en chœur : – « Moi, non plus ! »

– Ton neveu est mignon tout plein.

– Il tient de moi.

– Et il ne t'a rien laissé !

Honkytonk Man, Clint Eastwood, 1983.

Observation balancée par « Lulu » au guitariste de country Red Stovall (Clint Eastwood). Cette vieille prostituée d'un bastringue de campagne n'est pas du genre à garder sa langue dans sa poche.

– Qu'est-ce que ça te fait, exactement, quand je te dis que je t'aime ?

– J'ai failli partir en courant !

Tendres passions, James L. Brooks, 1983.

Réponse peu engageante du complexé Garrett Breedlove (Jack Nicholson) à Aurora Greenway (Shirley MacLaine).

– La bonne nouvelle, c'est que certains de mes meilleurs amis sont ici, ce soir. La mauvaise, c'est que le reste d'entre vous est là !

Contre toute attente, Taylor Hackford, 1984.

Accueil peu conventionnel de Jake Wise (James Wood) au micro de son night-club.

– Ben quoi, elle est pas mal cette chambre…

– Ouais, et puis elle donne vachement envie d'sortir !

Marche à l'ombre, Michel Blanc, 1984.

Le squatter Denis (Michel Blanc) à son compagnon SDF François (Gérard Lanvin) ! Jamais content, cet hypocondriaque maigrichon culpabilisera encore les autres en s'exclamant : « Je m'excuse de vivre ! »

– Mais qu'est-ce qui s'est passé ?

– Ben, votre mari a dû pisser sur la ligne à haute tension… […]

– C'est bien la première fois qu'il fait des étincelles avec sa bite !

Les Morfalous, Henri Verneuil, 1984. Dialogues de Michel Audiard.

Commentaire aussi cinglant que déluré d'Hélène La Roche Freon (Marie Laforêt). Cette bourgeoise n'a pas attendue d'être veuve pour compenser le manque d'ardeur de son mari.

– Allez mon gars, vas-y, demande-le-moi. J'sens qu'j'ai envie d'te dire « oui »…

– Jamais avec les animaux.

Le Retour de l'inspecteur Harry (Sudden Impact), Clint Eastwood, 1984.

Sévère « râteau » appliqué par l'inspecteur Harry Gallaghan (Clint Eastwood) à une vulgaire allumeuse rousse.

– Oh, mon Dieu, très chère, cette tenue est épouvantable. Qu'est-ce qui vous est arrivé ? Vous avez vu *Annie Hall* trop de fois ?!!!

Splash, Ron Howard, 1984.

Une vendeuse du rayon mode des magasins Bloomingdale's à Madison (Darryl Hannah), qui porte un costume d'homme, proche de celui que portait l'intello Annie Hall (Diane Keaton) dans le film du même nom.

– Je voudrais être comme toi… Il faut juste que je me fasse lobotomiser et que j'accepte de porter le même genre de tenue !

The Breakfast Club, John Hugues, 1985.

Réplique peu charitable du délinquant John Bender (Judd Nelson) au sportif « Andy » Clark (Emilio Estevez), en tenue de lutteur.

– Vous êtes pas des plus bavardes, ou alors c'est « sois belle et tais-toi ». Et dans vot' cas, c'est surtout « tais-toi ».

Nuit d'ivresse, Bernard Nauer, 1986. Co-scénarisé par Josiane Balasko et Thierry Lhermitte.

L'animateur de jeux télévisés Jacques Belin (Thierry Lhermitte) approchant Frède (Josiane Balasko), fraîchement libérée de prison. Ces piliers de bar combleront momentanément leur solitude, autour de plusieurs verres.

– Comment tu t'appelles ? Denise ? Odile ? Monique ?

– Monique.

– Ah, j'en étais sûr ! Même pas foutue de trouver un prénom original !

Tenue de soirée, Bertrand Blier, 1986.

Le rustre macho Bob (Gérard Depardieu) à sa compagne Monique (Miou-Miou), qu'il n'hésitera pas à fourguer au premier proxénète venu !

– Je ne l'imaginais pas du tout ainsi.

– Et comment l'imaginais-tu ?

– Aveugle.

Boire et déboires, Blake Edwards, 1987.

Un père à son crétin de fils qui vient de lui présenter sa « fiancée ». Enfonçant le clou, le père confiera à sa propre épouse : « Si elle veut l'épouser, c'est qu'il lui manque une case !».

– Un disque de Mantavoni ? Ils envoient Mantavoni aux insomniaques sur qui les drogues dures n'ont plus aucun effet !

Good Morning Vietnam, Barry Levinson,1987.

Avis du disc-jockey survitaminé Adrian Cronauer (Robin Williams), animateur-programmateur d'une émission radiophonique comique à l'attention des troupes U.S. engagées dans le conflit vietnamien.

– C'est pas le George V !

– T'es pas non plus l'Aga Khan !

Grand-Guignol, Jean Marbœuf, 1987.

Remarques acerbes d'un couple de comédiens. Au moins, ceux-ci sont en phase avec leur spectacle de Grand-Guignol baignant dans l'hémoglobine.

– Tu sais, chéri, quand nous étions plus jeunes, parmi les trois sœurs, c'est Bea qu'on trouvait la plus jolie…

– Tu parles d'une concurrence !

Radio Days, Woody Allen, 1987.

Muflerie d'un époux envers sa femme. Comment ce rustre pourrait-il comprendre que son épouse lui manifeste sa reconnaissance, en évoquant sa sœur Bea (Dianne Wiest), toujours célibataire ?

– Toujours dans l'coma, Brisville ?!!!

Noce blanche, Jean-Claude Brisseau, 1989.

Question rhétorique du professeur de philosophie François Hainaut (Bruno Cremer) à l'attention d'un cancre mutique.

– J'ai demandé à ma femme : « Où veux-tu aller pour ton anniversaire ? » Elle m'a répondu : « Je veux aller quelque part où je me suis encore jamais allée. ». Je lui dis : « La cuisine, par exemple ? », ah, ah, ah !!!

Les Affranchis, Martin Scorcese, 1990.

Fanfaronnade machiste du mafioso Tommy DeVito (Joe Pesci), devant ses bons potes.

– Vous êtes ?…

– Je suis l'amie de Roy.

– Vous êtes sûrement l'amie de tout un tas de gens !

Les Arnaqueurs, Stephen Frears, 1990.

La vieillissante Lilly (Angelica Huston) toisant la jeune et belle Myra (Annette Bening) qui a ravi le cœur de son fils. Myra rétorquera à son incestueuse rivale : « À la lumière, vous avez l'âge d'être la mère de Roy. »

– Vous devez être avocat. Vous dégagez quelque chose de malin et d'inutile.

Pretty Woman, Garry Marshall, 1990.

Premier contact entre la jeune prostituée de Beverly Hills, Vivian Ward (Julia Roberts) et le séduisant homme d'affaires Edward Lewis (Richard Gere).

– Elle est gentille ma fille, hein ?

– Elle est gentille, mais qu'est-ce qu'elle est laide !

Tatie Danielle, Étienne Chatilliez, 1990.

Aussi sèche que vieille, Danielle Billard (Tsilla Chelton) se montre également odieuse, capricieuse, avare, voleuse et menteuse ! « Oui, c'est ça, pleure ! Tu pisseras moins ! » renchérira cette tatie de 92 ans.

– Toutes les filles de son âge se maquillent…

– Oui, mais pas avec un pistolet à peinture !

Le Dernier Samaritain, Tony Scott, 1991.

Le policier Joe Hallenbeck (Bruce Willis) à sa femme, à propos de leur fille Darian, adolescente de 13 ans, qui commence à virer « mauvais genre ».

– Le roi sera accompagné de sa fille, la princesse Anne, une des femmes les plus socialement désirables du monde.

– « Socialement désirable ? », ça veut dire qu'elle est moche ?

Ralph Super King, David S. Ward, 1991.

Mise à jour d'un bel euphémisme par l'ex-chanteur de salon Ralph (John Goodman), devenu unique héritier après l'électrocution mortelle de toute la famille royale britannique !

– Je crois qu'ils sont faits l'un pour l'autre… Terrifiant, mais vrai !

Le Roi pêcheur, Terry Gilliam, 1991.

Brève appréciation d'Anne Napolitano (Mercedes Ruehl) glissée à l'oreille de son compagnon, devant la maladresse commune de Parry (Robin Williams) et Linda Saint-Clair (Amanda Plummer), dont ils ont favorisé la rencontre.

– Tu crois que je te plairais si j'étais pauvre ?

– Tu me plais comme tu es, avec ton argent.

L'Amant, Jean-Jacques Annaud, 1992. Co-scénarisé par Gérard Brach.

Réponse habile de « la jeune fille » Française (Jane March) à son bel et riche amant chinois (Tony Leung).

– Tu tiens à la vie, mon ange ?

– Oui.

– Très bien. C'est très bien parce que, tu sais, je ne ressens aucun plaisir de tuer quelqu'un… sauf si cette personne tient vraiment à la vie.

Léon, Luc Besson, 1994.

Parole sadique de Norman Stansfield (Gary Oldman). Le tueur à gages professionnel Léon (Jean Reno) devra rivaliser de courage pour se débarrasser de ce chef de bande d'agents corrompus.

– Tu sais combien y'a de viols par jour dans le monde ? J'peux t'dire, ça m'fait flipper, moi !

– Mais arrête, t'as rien à craindre, toi ! Qui c'est qui voudrait t'violer ?!!

Le Péril jeune, Cédric Klapisch, 1994.

Un des cinq copains apaisant maladroitement une fille pas très aguichante.

– Ce sont les pauvres qui sont fous à lier. Nous les riches, on est... excentriques.

Speed, Jan De Bont, 1994.

Remarque narquoise de l'artificier psychopathe Howard Payne (Denis Hopper) en ligne avec l'officier Jack Traven (Keanu Reeves). À vieux maître chanteur malin, jeune policier malin et demi.

– Quoi, j'ai dit une connerie ?
– Toi, les conneries tu les dis pas : tu les fais !

Gazon maudit, Josiane Balasko, 1995.

Loli (Victoria Abril) à son compagnon Laurent Lafaye (Alain Chabat), bientôt détrôné au profit d'une gougniotte enrobée. L'orgueil du mâle en prendra un sérieux coup.

– Je vois un désastre, je vois une catastrophe… Pire, je vois des avocats !

Maudite Aphrodite, Woody Allen, 1995.

Pressentiment du journaliste sportif Lenny (Woody Allen), porte-parole des phobies de l'auteur-réalisateur.

– Mon grand-père disait toujours : « Si j'avais pu prévoir toutes les emmerdes que les nègres nous amèneraient, j'aurais ramassé le coton tout seul ! »

L'Ultime Souper, Stacy Title, 1995.

L'ex-marine réac et raciste Zachary Cody (Bill Paxton) aux cinq jeunes universitaires « gauchistes » qui l'ont invité à souper. Ce sera son dernier repas.

– La société est bien foutue : elle fout des uniformes aux cons pour qu'on les r'connaisse !

Bernie, Albert Dupontel, 1996.

Pensée bien représentative de l'esprit anticonformiste du déjanté Bernie Noël (Albert Dupontel), orphelin trouvé dans une poubelle.

– Comme je dis souvent, je n'ai qu'une seule ride… et je suis assise dessus !

– Vous faites bien de le dire souvent, c'est très élégant.

Pédale douce, Gabriel Aghion, 1996.

La séduisante patronne de bar gay Éva, alias Évelyne (Fanny Ardant), à l'important client Alexandre Hagutte (Richard Berry). Il y a autant d'ironie dans l'air que d'homos sous terre.

– C'est gentil d'être venu assister à mon triomphe, Nancy.

– Sans vouloir te décevoir, je suis surtout venu pour les p'tits fours…

Tiré à part, Bernard Rapp, 1996.

Parole désagréable mais franche de Nancy Pickford (Maria de Medeiros) à son ancien amant Nicolas Fabry (Daniel Mesguich), Prix Goncourt puant d'orgueil.

– En fait, il est réconfortant de penser que si un jour vous perdez votre travail à la NASA, vous pourrez toujours vous reconvertir dans le sadomasochisme.

Armageddon, Michael Bay, 1997.

La tête brûlée Rockhound (Steve Buscemi) à un cadre de la NASA lui ordonnant de poursuivre sa dangereuse mission : placer une charge nucléaire au cœur d'un astéroïde fonçant vers la Terre à 35 000 km/h !

– Toute la vie n'est que nihilisme, sarcasme, cynisme et orgasme.

– Hé, tu sais qu'en France je serais élu avec un slogan pareil !

Harry dans tous ses états, Woody Allen, 1997.

Commentaire de l'écrivain tourmenté Harry Block (Woody Allen). À ce jour, ce slogan n'a jamais été repris par aucun candidat à l'élection présidentielle !

– Je peux avoir une petite avance sur mon héritage, papa ?

– (Très sèchement) *Pourquoi ?*

– Parce que je suis ton fils ! Tu vas pas m'laisser tomber…

– (Toujours aussi sèchement) *Pourquoi pas ?*

– T'as déjà foutu ma jeunesse en l'air…

– *Comment j'aurais fait ? J'étais jamais là !*

Créatures féroces, Fred Schepisi et Robert Young II, 1997.

Échange entre Rod McCain et Vince McCain, son avare père multimillionnaire (tous deux interprétés par Kevin Kline). Une aussi cruelle logique paternelle possède, assurément, des vertus cathartiques…

– Si t'as besoin de quoi que ce soit, n'hésite pas à demander au concierge…

Lost Highway, David Lynch, 1997.

Remarque ironique d'un maton au tout nouveau prisonnier Fred Madison (Bill Puttman), enfermé dans l'attente de passer sur la chaise électrique. Cauchemar ou réalité ?…

– C'était fabuleux… Est-ce que c'était bon pour toi ?
– Hum, j'ai connu mieux.

Menteur, menteur, Tom Shadyac, 1997.

Réponse aussi spontanée qu'involontaire de Fletcher Reede (Jim Carrey) à sa maîtresse Dana Appleton (Swoosie Kurtz). Dans l'impossibilité de mentir durant vingt-quatre heures, cet avocat assène ses pensées, sans aucun frein social.

– Tu veux danser ?

– J'y pensais depuis un moment…

– *(Après un long silence)* Alors ?

– Non.

Pour le pire et pour le meilleur, James L. Brooks, 1997.

Réponse vexante de Melvin Udall (Jack Nicholson) à la serveuse Carol Connelly (Helen Hunt). Entre le délicat auteur de romans à l'eau de rose et le mufle égoïste, il y a un fossé à combler.

– La señorita et moi essayions de danser.
– Vous essayiez… Elle réussissait.

Le Masque de Zorro, Martin Campbell, 1998.

Pique de Don Alejandro Murrieta (Antonio Banderas) interrompant son dangereux rival, le capitaine Harrison Love (Matthew Letscher) qui s'efforçait de faire valser la belle Elena Montero (Catherine Zeta-Jones).

– J'ai pas un cœur en or, et j'en aurai jamais, OK ? Mais, détendez-vous : il y a d'autres gens beaucoup plus sympas qui vont apparaître. On les appelle des ratés.

Sexe et autres complications, Don Roos, 1998.

Commentaire en voix-off de l'adolescente à problèmes Deedee Truitt (Christina Ricci). Cette semeuse de zizanie parviendra à se faire aimer, envers et contre tous… ou presque.

– Quand on vous regarde, on n'imagine pas le papillon, mais on distingue parfaitement la larve !

Vidange, Jean-Pierre Mocky, 1998.

Métaphore de l'inspecteur Baron (Laurent Labasse) assénée à Castellin (Jean-Pierre Mocky).

– Jenny est le stéréotype parfait de l'adolescente : hargneuse, paumée, mal dans sa peau. J'aimerais pouvoir lui dire que ça va s'arranger, mais je ne peux pas lui mentir.

American Beauty, Sam Mendes, 1999.

Commentaire désabusé en voix off du très lucide Lester Burnham (Kevin Spacey) en observant sa fille unique. Ce cadre ne va pas tarder à remettre en question son « american way of life ».

– Je rêvais d'un fils unique et j'ai eu deux imbéciles.

Kennedy et moi, Sam Karmann, 1999.

Le romancier Simon Polaris (Jean-Pierre Bacri) à son psy. Simon ajoutera plus tard : « Les voir évoluer me met mal à l'aise. C'est comme porter un pull de laine à même la peau ! »

– Vous faites 2 500 kilomètres, et vous me tirez du lit, pour une simple difficulté d'érection ?

– Ça prouve que je suis motivé !

– Huit pannes sexuelles en une vie, c'est peu.

– Pour toi oui, mais tu t'es regardé ?!!

Mafia Blues, Harold Ramis, 1999.

Le costaud caïd Paul Vitti (Robert De Niro) à son frêle psy Ben Sobol (Billy Crystal).

– D’abord, je vous interdis de traiter ma femme de morue.

– Je n’la traite pas de morue…

– Non, mais vous y pensez.

– Vous aussi !

– Exact. Reconnaissez que c’est justifié.

Les Acteurs, Bertrand Blier, 2000.

Duo de machos entre Michel Piccoli et Jean-Pierre Marielle, à propos de la volage Geneviève (Dominique Blanc) dont les oreilles ont dû siffler.

– Qu'est-ce que tu veux qu'j'en fasse ? Un cure-dent ?!!

American Psycho, Mary Harron, 2000.

Evelyn Williams (Reese Witherspoon) humiliant le golden boy Patrick Bateman (Christian Bale) qui lui présentait sa petite verge, en vue d'une fellation. Cette scène (coupée au montage, mais visible dans le bonus DVD) servait à accentuer le refoulement du psychopathe.

– Une fois qu'on l'a prise, la pièce est à nous.

– Je vois. C'est un peu comme toi…

Aniki, mon frère, Takeshi Kitano, 2000.

Analogie peu délicate d'un yakuza à la maîtresse du caïd Yamamoto (Takeshi Kitano), en fin de partie de dames chinoises.

– Chérie, qu'est-ce que tu dirais si je t'annonçais que tu es mariée à un homme extrêmement brillant ?

– J'dirais que j'suis forcément bigame !

Escroc mais pas trop, Woody Allen, 2000.

Réponse lucide de Frenchy Fox Winkler (Tracey Ullman) à son mari Ray (Woody Allen) qui vient de trouver comment dévaliser une banque. « Le cerveau » va effectivement prouver toute l'ironie de son surnom.

– Tu sais ce que Michel pense de toi, Prune ?

– Non.

– Que t'es une connasse, avec un pois chiche dans la tête !

Harry, un ami qui vous veut du bien, Dominik Moll, 2000.

« Bombe » larguée en plein dîner par Harry (Sergi Lopez), en présence de sa petite amie Prune (Sophie Guillemin) et de son prétendu copain de classe Michel (Laurent Lucas). L'effet de malaise recherché est atteint.

– Je ! Je ! Je !… Cessez de vous mettre au début, au centre et à la fin de vos phrases !

– C'est que je ne parle qu'en mon nom propre, selon ma conscience. À la différence de Votre Éminence, je n'fais pas parler Dieu à ma place.

Le Libertin, Gabriel Aghion, 2000. Co-scénarisé par Éric-Emmanuel Schmitt.

Parole libre de Denis Diderot (Vincent Pérez) face à un cardinal (Michel Serrault). Entre deux plaisirs libertins, le libre-penseur compte bien lui apporter ses « Lumières ».

– Qui c'est celui-là ?

– C'est le père de la petite. Un con fini, à c'qu'il paraît.

– La connerie, ça finit jamais.

Meilleur espoir féminin, Gérard Jugnot, 2000.

Échange entre deux techniciens du cinéma, à propos d'Yvon Rance (Gérard Jugnot), brave coiffeur venu surveiller sur le plateau sa jeune fille actrice Laetitia (Bérénice Bejo).

– Ta mère a eu de la chance de mourir en couches. Si elle t'avait vu, c'est de honte qu'elle serait morte !

O Brother, Joel et Ethan Cohen, 2000.

L'écrasant Pappy O'Daniel (Charles Durning) à son gros et niais fiston « Junior » (Del Pentecost). Stressé par sa réélection incertaine, ce gouverneur du Mississipi fait preuve d'une agressivité permanente.

– Vous savez, c'est parfois un sale boulot que d'accomplir son devoir. Mais, dans certains cas, c'est un vrai plaisir.

The Patriot : le chemin de la liberté, Roland Emmerich, 2000.

Avertissement sadique du colonel Tavington (Jason Isaacs) visant son ennemi juré Benjamin Martin (Mel Gibson), dont il a déjà tué froidement le fils.

– **Einstein disait que plus il étudiait l'univers, plus il pouvait croire en une puissance supérieure.**

– *S'il y a quelque chose de supérieur, dis-nous donc pourquoi cette chose te donne pas une nouvelle veste ?!!*

– **Peut-être qu'elle est trop occupée à chercher ton cerveau !**

Le Temps d'un automne (A Walk to Remember), Adam Shankman, 2001.

Bouffée d'humour salvateur dans ce drame romantique, contant l'amour entre Landon Carter (Shane West) et sa jeune amie Mandy Moore (Jamie Sullivan), frappée par la maladie.

– Ces galonnés ont un gros avantage sur nous, c'est que si nous suivons leur avis, aucun d'entre nous ne sera plus en vie pour leur dire qu'ils avaient tort d'avoir voulu la guerre.

Treize jours (qui firent trembler le monde), Roger Donaldson, 2001.

Humour noir du président John F. Kennedy (Bruce Greenwood) à propos de ses généraux va-t-en-guerre. Ces « faucons » sont prêts à fondre sur Cuba, au risque de déclencher une troisième guerre mondiale.

– Peut-être qu'on est pareils…

– Peut-être qu'on est pareils ? Non, j'crois pas. J'suis beaucoup plus intelligente que vous.

Cet amour-là, Josée Dayan, 2002.

Sublime constat – forcément sublime – de Marguerite Duras (Jeanne Moreau) face à son jeune amant Yann Andréa (Aymeric Demarigny) dont elle estime le cerveau lent. Plus lent, dit-elle.

– Tenez, prenez cette patte de lapin. C'est censé porter chance…

– À moi, ou au reste du lapin ?!!

Dog Soldiers, Neil Marshall, 2002.

L'incrédule soldat Cooper (Kevin McKidd) à la belle Megan (Emma Cleasby), alors qu'ils se sont réfugiés dans une maison isolée, cernée par des loups-garous très agressifs.

– Vous êtes un homme remarquable, si courageux. Je pense que je mangerai d'abord votre cœur…

Dragon rouge, Brett Ratner, 2002.

Attention pleine de sadisme, du dangereux cannibale Hannibal Lecter (Anthony Hopkins), envers sa très prochaine victime.

– Va falloir assurer, hein. Ou sinon, tu vas faire une nocturne à la piscine, avec ta copine. Les « thons », ça aime l'eau !

Filles perdues, cheveux gras, Claude Duty, 2002.

Le très macho Arnaud (Charles Berling) méprisant les amies de Marianne (Amira Casar), sa conquête du moment. Ce grand artiste conceptuel ne possède pas l'art d'aimer.

– Ma pauvre Louise, votre parole n'a aucune valeur, vous n'êtes qu'une « bonne ».

– Ma pauvre Pierrette, votre parole n'en a pas plus, vous n'êtes qu'une putain.

– Oui, mais j' préfère !

Huit Femmes, François Ozon, 2002.

Cinglante répartie de l'ex-danseuse vénale Pierrette (Fanny Ardant) visant à blesser la jeune femme de chambre Louise (Emmanuelle Béart), maîtresse de son défunt patron, frère de Pierrette.

– J'ai besoin d'toi autant qu'd'un trou du cul au bout d'mon coude !

Les Lois de l'attraction, Roger Avary, 2002.

Un dealer énervé au camé « fauché » Sean Bateman (James Van Der Beek). Légales ou pas, les affaires sont les affaires.

– Hey, Randy, tu sais pourquoi les femmes se maquillent et se parfument ?

– Je sais pas, Ted.

– Parce qu'elles sont laides et qu'elles puent !

Ted Bundy, Matthew Bright, 2002.

Devinette ultra-machiste du locataire Ted Bundy (Michael Reilly Burke) à son copropiétaire. Bundy se révélera être le violeur et tueur en série nécrophile de nombreuses femmes.

– Quand on vous a circoncis, on n'a pas dû jeter l'bon bout !

La Vie de David Gale, Alan Parker, 2002.

L'étudiante sexy Berlin (Rhona Mitra), furieuse contre son professeur d'université David Gale (Kevin Spacey). Cette garce ignare le croit directement responsable de son renvoi, après qu'il ait décliné ses faveurs sexuelles.

– J'en reviens pas d'me faire appeler « tête de nœud » ! Sans blague, on m'a pas appelé comme ça depuis qu'j'ai quatorze ans…

– C'est parce qu'on t'l'a jamais dit en face…

La Blonde contre-attaque, Charles Herman-Wurmfeld, 2003.

Franc-parler de l'avocate Elle Woods (Reese Whiterspoon) face à son associé trentenaire Emmett Richmond (Luke Wilson).

– Vous avez un bel avenir… derrière vous.

Dead Bodies, Robert Quinn, 2003.

Annonce prémonitoire du patron du supermarché à son jeune employé Tommy McGann (Andrew Scott), qu'il s'apprête à licencier.

– Je trouve moins criminel de les casser que de les fabriquer.

Dogville, Lars von Trier, 2003.

Terrible jugement d'une vieille bigote à propos des figurines en porcelaine collectionnées par la jeune Grace Mulligan (Nicole Kidman). Elle les brisera cruellement une par une, sous les yeux de Grace.

– Tu crois au coup de foudre ?

– Ouais...

– Naïve !

Jeux d'enfants, Yann Samuel, 2003.

Julien Janvier (Guillaume Canet) abandonnant Aurélie Miller (Élodie Navarre) après s'être montré « cap » de « sauter cette dévergondée ». Il relèvera bien d'autres paris lancés par Sophie Kowalski (Marion Cotillard), son seul véritable amour.

– Sans blague, vous jouez tellement mal que vous n'battriez pas les Sœurs de la Charité !

Othello 2003, Tim Blake Nelson, 2003.

Analyse peu flatteuse de l'entraîneur Duke Goulding (Martin Sheen) houspillant son équipe universitaire de basket. Les « Hawks » vont se ressaisir et décoller.

– Tu crois pas qu't'as assez bu ?

– T'inquiète pas. […] Ça m'a dessoûlée d'un coup de te voir.

Les Sentiments, Noémie Lvovsky, 2003.

Réponse de Carole (Nathalie Baye) à son mari Jacques (Jean-Pierre Bacri) qu'elle a vu en train de courtiser une jeune et jolie voisine.

– Les Prix, c'est comme les hémorroïdes. N'importe quel trou du cul finit par en avoir !

Swimming Pool, François Ozon, 2003.

Devise de l'éditeur de Sarah Morton (Charlotte Rampling), jalouse d'un « petit merdeux » ayant décroché un prix littéraire.

– Allez au diable !

– Je le quitte, au contraire.

Les Choristes, Christophe Barratier, 2004.

Tranchant mot d'adieu du pion-éducateur et maître de chant Clément Mathieu (Gérard Jugnot) bridé par Rachin (François Berléand), son directeur garde-chiourme.

– Je suppose que tu as des sentiments pour moi…

– J'en ai deux : pitié et dégoût.

Creep, Christopher Smith, 2004.

Tacle sévère de la jolie blonde Kate (Franka Potente), repoussant l'un de ses admirateurs.

– Écoute, Sara, on en discutera plus tard. Je ne vais pas poursuivre cette absurde conversation dans ce restaurant après la journée que j'ai eue. Il se trouve qu'on m'a viré.

– Mon pauvre chou ! Quelle putain de surprise !

– C'est sûrement mérité.

L'Employé du mois, Mitch Rouse, 2004.

Réactions peu compatissantes de la fiancée Sara Goodwin (Christina Applegate) et de sa mère, envers l'indigne prétendant David Walsh (Matt Dillon) qui a laissé un string étranger traîner dans la poche de sa veste. Le projet de mariage sera rompu sur-le-champ.

– Alors moi j'lui ai dit : « Écoute, si tu changes pas, j'demande le divorce ! » Tu sais c'qu'il m'a répondu ?

– *Non.*

– « Allez, banco ! »

Le Plus Beau Jour de ma vie, Julie Lipinski, 2004.

Confidence larmoyante d'Éléonore (Valérie Donzelli) qui vient d'être plaquée par son mari. Son amie Lola (Hélène de Fougerolles) qui est à la veille de se marier a de quoi hésiter !

– J'ai fait un rêve cette nuit… et t'étais pas dedans ! J't'ai cass-ssé ! T'es pas vexé, au moins ? Non ? Ben, tu devrais ! J't'ai doublement cass-ssé ! Sinon, c'était bien ta fête hier, mais j'ai vu un truc horrible : toi ! J't'ai triplement cass-ssé, là !

Brice de Nice, James Huth, 2005.

Expression préférée du surfeur blond Brice de Nice (Jean Dujardin), le « roi de la casse ».

– Mon Führer, en tant que soldat, je vous suggère une sortie pour échapper à l'encerclement. Réfléchissez bien : quinze à vingt mille de nos meilleurs officiers sont déjà tombés pour la défense de notre ville…

– ***Mais voyons, Weilding, la jeunesse est là pour ça.***

La Chute, Oliver Hirschbiegel, 2005.

Adolf Hitler (Bruno Ganz) à son fidèle général d'artillerie Helmut Weidling (Michael Mendl), alors que leur bunker berlinois est devenu un camp retranché. Les membres des Jeunesses hitlériennes ne lui disent plus merci.

– Tu m'as traitée de pute… Tu crois qu'j'en suis une ?

– J'crois pas, j'en suis sûr.

The Devil's Rejects, Rob Zombie, 2005.

Le vieux clown James Cutter, alias Cap'tain Spaulding (Sid Haig) à une blondasse. Furieuse, celle-ci va lui tirer dessus et le faire émerger de ce cauchemar prémonitoire.

– Si j'ai bien vécu ici, c'est parce que des flics comme vous trouv'raient pas un nichon dans un peep-show !

Quatre frères, John Singleton, 2005.

Analogie assénée à un lieutenant-policier et à son adjoint, par l'ancien repris de justice Bobby Mercer (Mark Whalberg). Curieuse manière de se racheter une conduite…

– Celle-là, même les nazes veulent pas d'elle !

The Quiet, Jamie Babbit, 2005.

Remarque échangée à la cantine par deux lycéennes dragueuses, en dévisageant l'orpheline Dot (Camilla Belle) mal dans sa peau et seule à table. En fait, cette « pauvre abrutie » souffre d'un traumatisme d'enfance

– J'vais faire un tour aux chiottes. Passe-moi ton dessin…

Art School Confidential, Terry Zwigoff, 2006.

Fâcheuse association d'idées de l'étudiant en art Bardo (Joel Moore) ayant jeté un coup d'œil sur le modèle dessiné par son camarade Jérôme (Max Minghella).

– J'étais chez Marilyn, la semaine dernière. Sur les quatre Matisse au mur, deux étaient à l'envers !

Truman Capote, Bennett Miller, 2006.

Confidence peu charitable de l'écrivain Truman Capote (Philip Seymour Hoffman) lors d'une réception mondaine. Les « vannes sur les blondes » ne datent pas d'aujourd'hui !

– C'est pas l'genre à s'faire tatouer. Ça colle pas avec son statut [d'avocat] et ses costumes à 5 000 dollars.

– Et pourquoi pas ?

– Angelina Jolie, elle en a bien des tatoos…

– C'est bien c'que j'dis.

Bon cop, bad cop, Érik Canuel, 2006.

Pique imparable du flegmatique policier Ontarien Martin Ward (Colm Feore) devant son collègue « kéquébécois » David Bouchard (Patrick Huard). Malgré leurs différences socioculturelles, les deux flics uniront leurs forces.

– Plus j'y pense, et plus j'me dis que j'ai envie d'faire exactement comme toi.

– Hmm, comment ? Qu'est-ce que tu veux dire ?

– Ben, rien foutre, comme toi. Finalement, c'est un peu ça le but de la vie, non ? Réussir à rien foutre.

Dikkenek, Olivier Van Hoofstadt, 2006.

La jolie paresseuse Natacha (Mélanie Laurent) prenant modèle sur sa « tatie » Sylvie (Catherine Jacob), épouse oisive d'un riche industriel.

– Qu'est-ce qu'il dit ?

– Il dit que vous êtes « une couille molle ». Finalement, il vous connaît bien.

L'Entente cordiale, Vincent de Brus, 2006.

Commentaire insultant de l'interprète Jean-Pierre Moindrau (Daniel Auteuil) qui traduit l'insulte d'un barbouze géorgien à l'espion François de La Conche (Christian Clavier). Nul besoin de traduire l'humeur très contrariée de cet ex-diplomate.

– Un mec aussi chiant avec sa maîtresse doit pas être beaucoup plus drôle avec sa femme…

Fauteuils d'orchestre, Danielle Thompson, 2006.

Remarque sournoise de Valérie (Annelise Hesme), future maîtresse du riche homme d'affaires Jacques Grumberg (Claude Brasseur) et de son fils Frédéric (Christopher Thompson).

– Clara m'a dit que ses parents étaient très ouverts…

– Eh bien, quand ils vont voir ta tronche, ils vont vite se refermer, crois-moi !

Mauvaise foi, Roschdy Zem, 2006.

Avertissement peu encourageant de Milou (Pascal Elbé), pour son copain arabe Ismaël (Roschdy Zem) qui s'apprête à faire la connaissance de ses futurs beaux-parents juifs.

– De mon temps, les notes allaient de A à G. Si t'étais intelligent, t'avais un A. Si t'étais bête, t'avais un G.

– Paul doit avoir un Z, alors…

A Very British Gangster, Donal MacIntyre, 2007.

Un sbire à propos du demeuré notoire Paul, neveu du caïd mancunien Dominic Noonan (dans son propre rôle).

– La sieste a été bonne, monsieur le caméraman ?!! Si vous faisiez correctement votre boulot, ma fille ne se battrait pas pour qu'on la voie.

– C'est que je dois également montrer d'autres danseurs, de temps en temps…

– Vous savez, Baltimore est une toute petite ville où il y a très peu de chaînes télé. Alors, il se pourrait que l'année prochaine vous revêtiez un smoking mal coupé pour photographier des bar-mitsva, qui sait ?

Hairspray, Adam Shankman, 2007.

La « pète-sec » responsable de programme Velma Von Tussle (Michelle Pfeiffer) menaçant un caméraman insuffisamment zélé à son goût.

– Il m’a traitée de vieille pute…

– Allons Odile, vous n’êtes pas si vieille que ça.

Ma place au soleil, Éric de Montalier, 2007.

Remarque maladroite adressée à Odile (Nicole Garcia), épouse volage. Que d’ombres dans l’espoir d’une place au soleil !

– Tu ferais mieux de rejoindre ton grand-père !

– Mais il est mort !

– Je sais.

Le Metteur en scène de mariages, Marco Bellochio, 2007.

Franco Elica (Sergio Castellitto) à l’un de ses confrères réalisateurs, croisé en Sicile.

– Étrange type, vous savez. Je lui apprends que son père a eu le prix Nobel, et vous savez c'qu'il dit ? « Oh, le foutu chanceux de pourri ! » Vous pouvez l'croire, vous ?

– Ouais, on peut l'croire en rencontrant son père…

Nobel's Son, Randall Miller, 2007.

Humour du détective Max Mariner (Bill Pullman) qui a déjà croisé le père en question (Alan Rickman), beaucoup plus doué en chimie qu'en générosité paternelle.

– Pourquoi est-ce que vous faites ça ?

– Pourquoi ?... Pourquoi est-ce que j'le ferais pas ? As-tu un seul argument à présenter pour défendre ta vie ?

– Je suis une personne. Je suis un être humain. C'est pas suffisant, ça ?

– Non.

B.T.K., Michael Feifer, 2008.

Réponse glaçante du tueur en série B.T.K., alias Dennis Rader (Kane Hodder), insensible à la détresse de l'une de ses victimes. Ligotée, celle-ci ne tardera pas être torturée puis tuée.

– Vous avez peur de jouer parce que vous n'êtes « pas un bon acteur »… Mais détendez-vous : tout le monde sait bien que vous n'êtes pas un bon acteur !

The Deal, Steven Schachter, 2008.

Coaching original du réalisateur Charlie Berns (William H. Macy). Il conclura devant l'acteur noir « Monsieur Muscle » : « Arrivez à l'heure sur le plateau et dites votre texte comme il est écrit, ou on vous fait un procès ! »

– Ces interviews pourront servir à des générations entières d'universitaires et de politologues…

– *C'est si mauvais que ça ?!!*

Frost/Nixon, l'heure de vérité, Ron Howard, 2008.

Réaction lucide de l'animateur TV David Frost (Michael Sheen) devant son fidèle producteur John Birt (Matthew Macfadyen). Sa première interview filmée avec le roué Richard Nixon (Frank Langella) s'est révélée insipide.

– Porter le titre de « Plus grand Don Juan de Duluth » revient à être le nain le plus grand du monde.

Jeux de dupes, George Clooney, 2008.

Analogie humiliante de Lexie Littleton (Renée Zellweger) destinée à rabattre le caquet de Jimmy « Dodge » Connelly (George Clooney), originaire du « bled » de Duluth (Minnesota).

– Je vois que tu as conservé ma cornemuse.

– Oui, c'est pour éloigner les visiteurs indésirables !

– Te connaissant, je n'pense pas que tu aies besoin de ça.

Mamma Mia, Phyllida Lloyd, 2008.

Sam (Pierce Brosnan) à Donna (Meryl Streep), son ex-amour d'il y a vingt ans.

– Quel est son degré de dangerosité ?

– Comparé à quoi ? À la peste ?!!!

No Country for Old Men, Joël et Ethan Coën, 2008.

Réponse jésuite éclairante de Carson Wells (Woody Harrelson) à un juge, à propos du très dangereux tueur en série Anton Chigurh (Xavier Bardem).

– Y'a un problème, Peter ? Je r'mets ça, hein ? Qu'est-ce qui t'arrive ?

– C'est plus comme avant. Ça l'fait plus…

– ?!!! Est-ce que tu as bu, aujourd'hui ?

– Non. Navré de te décevoir, j'suis à jeun. Je pense plutôt que le problème il est en fait que tu m'as brisé le cœur en quelques milliers de particules. Et que ma queue se recroqueville comme un escargot en t'voyant, OK !?! Elle te refuse ! Parce que tu sais c'que j'viens d'réaliser ? Tu es un être MAL-FAI-SANT ! Compris ?!!!

Sans Sarah, rien ne va, Nicholas Stoller, 2008.

L'obscur musicien Peter Bretter (Jason Segel) quittant Sarah Marshall (Kristen Bell) qui tentait de renouer avec lui, au lit. Il n'y a pas que le sexe dans la vie…

– Dans le mot « non », c'est quoi la partie qu'tu comprends pas ?!!

Secret Défense, Philippe Haïm, 2008.

Résistance efficace de l'étudiante Diane (Vahina Giocante) face à Alex (Gérard Lanvin), un camarade dragueur insistant. Plus tard, celui-ci réussira à la séduire et à la recruter dans son équipe d'agents secrets.

– Depuis quand tu as un portable ? Tu connais personne à part nous !

Les Beaux Gosses, Riad Sattouf, 2009.

Remarque de Camel (Anthony Sonigo) à un camarade collégien, devant son pote Hervé (Vincent Lacoste).

– Comprenez-moi bien : je réprouve toute activité politique au sein de mon lycée. Vous entendez ? Cet endroit doit rester neutre.

– Sauf votre respect, aujourd'hui il est impossible de rester neutre.

– Eh bien, vous ferez un effort ! [...] Je suis persuadé qu'il y a plus d'un professeur ou d'un parent d'élève qui m'en ferait le reproche.

– Ce qui montre bien qu'ils ne sont pas neutres, monsieur le proviseur.

L'Armée du crime, Robert Guédiguian, 2009.

Mise en boîte d'un proviseur par son élève. Le lycéen communiste Thomas Elek (Grégoire Leprince-Ringuet) va s'engager à mort dans la résistance anti-allemande.

– Promets-moi de ne pas te cloner…

Borderland, Zev Berman, 2009.

Supplication du sage Ed (Brian Presley) pour son camarade d'université, le fonceur Henry (Jake Muxworthy), « 1er dealer possédant un MBA ».

– Pourquoi vous entretuez-vous ? Descendez plutôt des chrétiens !

Brüno, Larry Charles, 2009.

Brüno « Donne-la-Paix » (Sacha Baron Cohen) au professeur d'hébreu Avraham Sela et au gouverneur de Jérusalem Adnan Al-Husseini. Le Juif et le Palestinien se regarderont, tous deux abasourdis !

– Je hais Summer. Je hais ses dents de travers. Je hais sa coupe de cheveux des années soixante. Je hais ses genoux cagneux. Je hais le cafard écrasé qu'elle a au-dessus des seins. Je hais sa façon de se pincer les lèvres avant de parler. Et je hais son rire débile.

500 jours ensemble, Marc Webb, 2009.

Tirade revancharde de Tom Hansen (Joseph Gordon-Levitt) à propos de Summer Finn (Zooey Deschanel). Naguère, il avait déclaré à son meilleur pote : « Je suis amoureux de Summer. J'aime son sourire. J'aime ses cheveux. J'aime ses genoux. J'aime cette tache de naissance en forme de cœur qu'elle a au-dessus du sein. J'aime sa façon de s'humecter les lèvres avant de parler. J'aime sa façon de rire... ». Qui aime bien, châtie bien.

– Avec sœur Mariane, nous avons obtenu 100 000 dollars pour le fonds de reconstruction des zones rurales.

– Vous avez fait comment ?

– Honte et culpabilité. Les nonnes sont très fortes à ce jeu-là.

Dans la brume électrique, Bertrand Tavernier, 2009.

La femme de Dave Robicheaux (Tommy Lee Jones), shérif adjoint de la paroisse de New Iberia (Louisiane). L'ancien inspecteur du N.O.P.D. n'ignore pas le pouvoir de la culpabilité.

– Je m'étais imaginé un plouc mal attifé et couvert de taches de rousseur. Je n'avais qu'à moitié tort.

Dorian Gray, Oliver Parker, 2009.

Commentaire à la fois cassant et admiratif du snob Lord Henry Wotton (Colin Firth) devant le pauvre mais bel orphelin Dorian Gray (Ben Barnes). Le visage parfaitement lisse de Gray demeurera superbe au fil des ans, au prix d'un pacte diabolique.

– C'est la maîtresse d'Ernesto Martel.

– Elle est actrice ?

– Si elle est avec ce type, elle l'est forcément.

Étreintes brisées, Pedro Almodovar, 2009.

Médisance justifiée à propos de la jeune et jolie actrice Lena (Penélope Cruz) qui s'affiche avec le riche producteur de 60 ans (José Luis Gomez). Celle-ci n'a pas que Martel en tête...

– Elle ressemble pas vraiment à Charlize Theron… ou alors dans *Monster* !

Neuilly sa mère, Gabriel Julien-Laferrière, 2009.

Amusant commentaire du « petit beur de Chalon » Sami Benboudaoud (Samy Seghir), à propos de la sœur de son copain Jason, « boudin blond » aussi vulgaire que la sérial-killeuse du film *Monster* interprétée par la très enlaidie Charlize Theron.

– C'était quoi cette odeur ? Il portait du parfum ?

– Ça s'appelle de l'after-shave, Jack. Ça change du savon de Marseille…

– Au moins, aucun risque de confusion quand un homme sent le savon.

– Non, aucun risque de confusion avec toi.

Une éducation, Lone Scherfig, 2009.

Remarque lasse de Marjorie Miller (Cara Seymour) devant son pâle époux (Alfred Molina). Certes, celui-ci n'a pas l'élégance du chevalier servant de leur fille Jenny (Carey Mulligan), mais au moins, il ne mène pas une double vie.

– Tu m'avais promis hier qu'on irait voir les dunes, ensemble…

– Promis, promis… (en aparté) *Toi, tu m'avais promis qu'tu grossirais pas… Alors, tu vois, les promesses…*

L'Arnacœur, Pascal Chaumeil, 2010.

Dialogue entre Florence (Amandine Dewasmes) et son mufle de fiancé (Philippe Lacheau), qui a prévu d'assister à un concours de tee-shirts mouillés ! Ce « couple » ne résistera pas longtemps aux manœuvres d'Alex Lippi (Romain Duris), briseur de couples professionnel.

– Sheeni a eu un tas de mauvaises influences, ici. Toi, étant la pire. C'est pour ça qu'on l'envoie loin d'ici, dans un pensionnat.

– Mais j'suis amoureux de Sheeni ! J'arriverais pas à vivre sans elle.

– Tu peux vivre sans elle ou mourir. On n'a aucune préférence.

Be Bad ! Miguel Arteta, 2010.

Rejet total du jeune prétendant Nick Twisp (Michael Cera) par les parents de son amie Sheeni Saunders (Portia Doubleday). Il y a de quoi devenir mauvais...

– Miss McCarthery, il est 9 h 06. Qu'avez-vous à dire, cette fois (pour votre retard) ?

– Qu'apparemment vous savez lire l'heure.

Imogène, Alexandre Charlot et Franck Magnier, 2010.

Remarque insolente de l'Écossaise Imogène McCarthery (Catherine Frot) devant son chef de bureau gallois. L'insubordonnée retardataire sera bientôt envoyée en mission où elle fera merveille.

– J'en veux pas d'votre cancer !

– Vous avez pas envie d'mourir ?

– Ben non, pas vraiment.

– Et comment ça s'fait ? Vous avez pourtant une vie d'merde…

Le Bruit des glaçons, Bertrand Blier, 2010.

Dialogue entre l'écrivain alcoolique, séparé et « has-been » Charles Faulque (Jean Dujardin) et son cruel cancer (Albert Dupontel).

– Tu déconnes ou quoi ? J'ai déjà eu des frottis vaginaux qui ont duré plus longtemps !

Kaboom, Gregg Araki, 2010.

La jolie mais frustrée London (Juno Temple) à Rex (Andy Fischer-Price), éjaculateur précoce. Quelle soif d'approfondir ses études !

– Si tu veux mon avis…

– Ton avis ? Quel avis ? Tu as un avis ?!!!

Potiche, François Ozon, 2010.

Triple verrouillage machiste de Robert Pujol (Fabrice Lucchini) clouant le bec à son épouse Suzanne (Catherine Deneuve). La « potiche » va bientôt se révéler une maîtresse femme.

– Bon alors, pour c'qui est d'ton prénom « Maurice », d'accord. C'est un prénom d'blaireau qui va avec ta gueule de con. Mais « le Siffleur », c'est quoi ? C'est l'bruit qu'tu fais, quand tu t'dégonfles ?!!

Le Siffleur, Philippe Lefebvre, 2010.

Provocation d'une petite frappe arabe envers Maurice/Armand Teillard (François Berléand), auto-surnommé « le Siffleur » (parce qu'il aime siffloter des airs d'opéra). Celui-ci le reprendra sèchement : « Mon prénom, c'est ni "Maurice", ni rien du tout. Pour toi, c'est "monsieur", et avec "vous" devant. »

– Je pense mériter un minimum de reconnaissance de la part du Conseil de sécurité…

– […] Je ne comprends pas…

– Quel passage ?

The Social Network, David Fincher, 2010.

Tout l'aplomb de l'étudiant-développeur informatique Marc Zuckerberg (Jesse Eisenberg) face au conseil disciplinaire de son université. Celui-ci « pense avoir révélé quelques failles béantes » du système de sécurité informatique.

– 20 millions de dollars de chirurgie esthétique, et c'est l'visage que tu as choisi ?!!

The Tourist, Florian Henckel von Donnersmarck, 2010.

Question de l'agent d'Interpol Elise Ward (Angelina Jolie) à l'habile escroc Frank Tupelo / Alexander Pearce (sous les véritables traits de Johnny Depp). « Il te déplaît ? » demandera-t-il. « Je vais faire avec », répondra-t-elle ironiquement.

– Martin est très attaché à La Maye.
– Moi, j'suis pas très attaché à Martin.

Tu seras mon fils, Gilles Legrand, 2011.

L'exigeant Paul de Marseul (Niels Arelstrup), propriétaire d'un vignoble à Saint-Émilion, parlant avec une franche dureté de son fils Martin (Lorànt Deutsch) à sa bru.

– Je trouve que tu es le garçon le plus laid du coin, et je préfère encore embrasser Nixon !

Kill the Irishman, Jonathan Hensleigh, 2011.

Fausse déclaration de la serveuse de bar Joan (Linda Cardellini), qui trouve Danny Greene (Ray Stevenson) à son goût. Elle épousera celui qui deviendra le patron d'un puissant syndicat de dockers.

– C'est lui, l'champion d'aviron ?

– J'fais pas d'aviron.

– Mais si tu fais d'l'aviron ! Tony m'a dit qu'tu ramais à l'école, ah, ah !

Mon pire cauchemar, Anne Fontaine, 2011.

Patrick (Benoît Pooelevorde) devant un collégien, son père (André Dussolier) et sa mère (Isabelle Huppert). Ce peintre « brut de décoffrage » osera faire remarquer : « Dis donc, il percute pas le p'tit, hein ? ».

– J'ai été con avant toi, tu sais…

– Mais toi, tu l'es resté !

La Nouvelle Guerre des boutons, Christophe Barratier, 2011.

Échantillon des rapports très tendus entre le fils Lebrac (Jean Texier) et son père (Kad Merad). Le chef des Longeverne découvrira plus tard que son père était résistant.

– À la question « Fréquence des rapports conjugaux ? », votre femme a répondu « quatre fois », et vous, « douze fois ». Vous avez une explication ?…

– […] César parle du nombre de rapports, et moi je parle du nombre d'orgasmes…

On ne choisit pas sa famille, Christian Clavier, 2011.

Rattrapage féministe de l'homosexuelle Kim (Muriel Robin) tirant du pétrin son faux mari César Borgnoli (Christian Clavier), devant le docteur Luix (Jean Reno). Le « débusqueur de faux couples » se sent bien seul.

– J'aurais jamais su qu'j'étais gay, si j't'avais pas rencontrée !

(S)ex List, Mark Mylod, 2011.

Confidence plutôt vexante de Tom Piper (Anthony Mackie) à son ancienne amie Ally Darling (Anna Faris), célibataire « flippée » à l'approche de la trentaine.

– Pas d' bras, pas d'chocolat !

Intouchables, Olivier Nakache et Éric Toledano, 2011.

Expression « couperet » prononcée pour de rire par l'auxiliaire de vie Driss (Omar Sy) devant le riche tétraplégique Philippe (François Cluzet) qui aimerait goûter, lui aussi. Les auteurs-réalisateurs on bien fait d'oser : leur formule politiquement incorrecte est devenue culte.

– Vous m'avez manqué, Holmes.
– *Vous, à peine.*

Sherlock Holmes 2 : Jeu d'ombres, Guy Richie, 2012.

Le détective Sherlock Holmes (Robert Downey Jr) snobant de manière élémentaire son cher Watson (Jude Law). Le célèbre tandem british s'est reformé pour affronter « l'âme cruelle la plus redoutable d'Europe ».

– Tu sais quoi, Yvan ? J'pensais que j'pourrais reprendre mes études…
– Pff… Pour reprendre tes études, faut déjà qu'tu les ai prises !

La Vérité, si je mens ! 3, Thomas Gilou, 2012. Scénario original de Gérard Bitton et Michel Munz.

Le vendeur autodidacte Yvan Touati (Bruno Solo) circoncisant net l'élan de Karine Benchetrit (Aure Atika). Ma parole, il ne va pas lui manquer !

Index

D

E

F

G

H

I

J

K

T

U

V

Du même auteur aux éditions First

L'Histoire du cinéma pour les Nuls, 2008

Les 200 Répliques cultes du cinéma, 2009

Les 200 Répliques les plus drôles du cinéma, 2011

Dans la collection **Le petit livre de**
vous trouverez également **les thématiques**
suivantes :

Le petit livre de Cuisine ●●●●●●

Le petit livre de Culture générale ●●●●●●

Le petit livre de Insolites ●●●●●●

Le petit livre de Tourisme ●●●●●●

Le petit livre de Langues ●●●●●●

Le petit livre de Humour ●●●●●●

Pour consulter notre catalogue et
découvrir les dernières nouveautés,
rendez-vous sur **www.editionsfirst.fr** !